Edict du Roy,

POVR LA REVENTE DES

Offices hereditaires de Regratiers,
Reuendeurs de sel à petites mesures,
& Collecteurs de l'Impost, en tous les
Greniers à sel de ce Royaume.

*Publié en la Court des Aydes à Rouen, l'unzié-
me iour de Ianuier, mil six cens dixhuict.*

A ROVEN.

DE L'IMPRIMERIE,

De MARTIN LE MESGISSIER, Imprimeur
ordinaire du Roy, tenant sa boutique au haut
des degrez du Palais.
1618.

Auec Priuilege de sa Majesté.

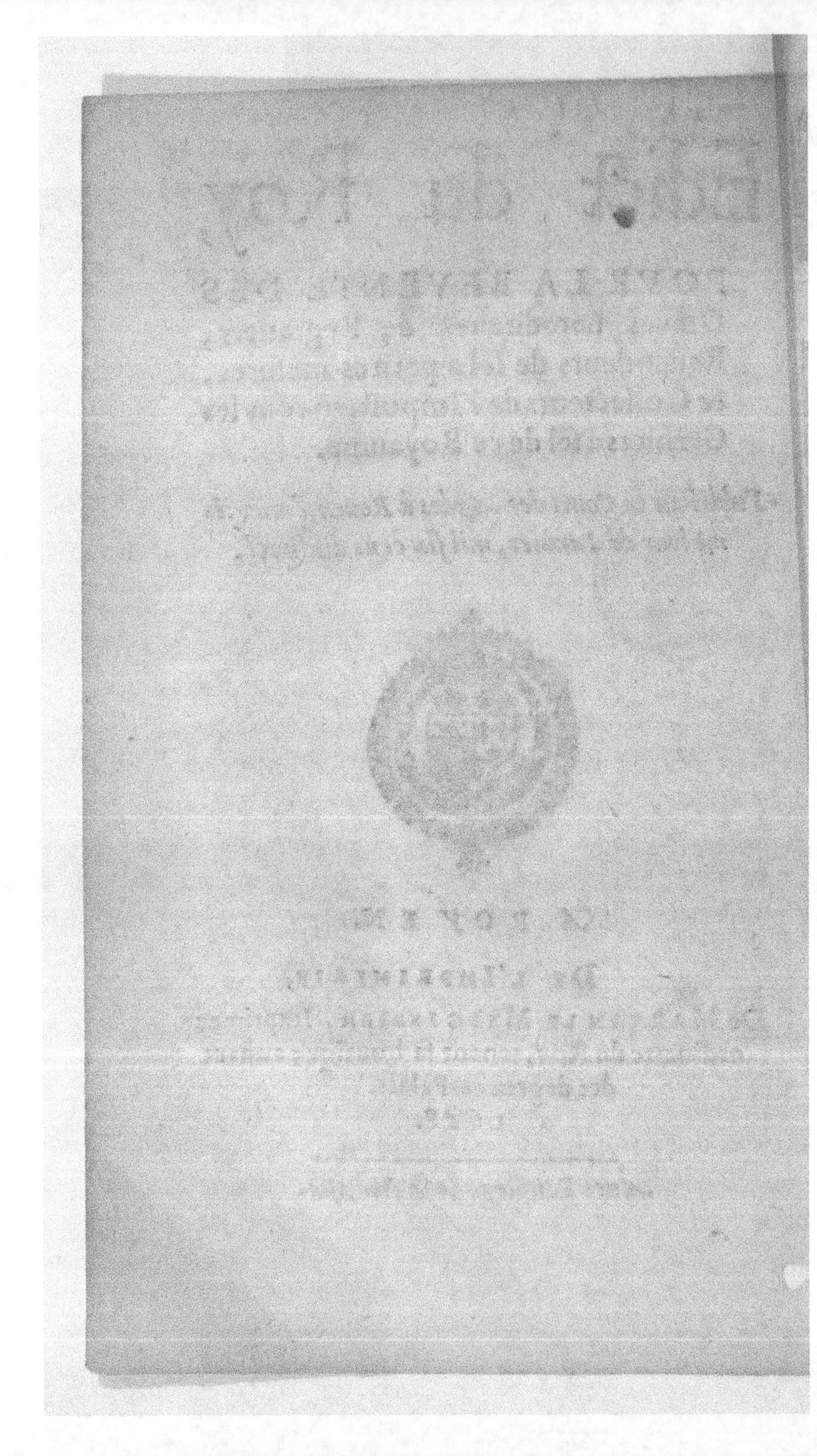

OVIS Par la grace
de Dieu, Roy de
France et de Na-
varre : A tous pre-
sens & aduenir, Salut.
Les Offices de Regratiers
reuendeurs de sel à peti-
tes mesures, & Receueurs collecteurs des
deniers du sel qui se distribuë par Impost,
ayants esté restabliz par Declaration du feu
Roy Henry troisiesme, du vingtiesme Septembre mil cinq cens quatre-vingts cinq, ce
fut à la charge qu'au lieu du parisis qui leur
auoit esté attribué par le premier Edict de
leur creation du mois de Nouembre mil cinq
cens soixante seize, Ils n'auroient pour tout
profict que pareil & semblable droict que celuy que les officiers de noz Greniers auoient
accoustumé de leur ordonner auant l'Edict,
Et combien qu'à plusieurs & diuerses fois
lesdicts offices ayent depuis esté vendus &
reuendus en heredité, leurs droicts n'ont

point autrement esté reglez , Mais par tol-
lerance en la pluspart de noz Greniers , &
mesmes par quelques arrestz particuliers de
nostre Conseil , l'on à accordé à aucuns des-
dits Regratiers le demy parisis du prix du sel,
& ausdicts Collecteurs vn sold pour liure
pour les fraiz de l'assiette collecte & port de
deniers , Et en ceste incertitude cóme toutes choses s'interpretent selon l'interest ou
passion des Officiers qui en ont le pouuoir,
Il s'est trouué qu'en quelques Greniers lesdicts Regratiers prennent quelque chose de
moins que le demy parisis , en autres plus,
mesmes iusques au parisis entier, Et les Collecteurs outre ledict sold pour liure, leuent
pour la voicture de chacun Minot deux sols
pour lieuë , & cinq sols , voire iusques à sept
sols six deniers aussi pour Minot , pour le destail, décherz , & fraiz de mesures , Et cét
establissement ordonné pour l'aissance &
soulagement de ceux qui n'ont moyen de
prendre aux grandes mesures le sel qui leur
est necessaire , leur tourne à grande surchar-
ge , Par ce que le pris desdicts Regratiers est
cóme a l'arbitrage de ceux qui ont acquiz les-
dits offices en heredité & va croissant de iour
a autre, auquel desordre nous auós en nostre
Cóseil jugé necessaire de pouruoir. A CES

CAVSES, SCAVOIR FAISONS,
Que de l'aduis d'iceluy nostredict Cõseil, &
de nostre certaine science, plaine puissance,
& authorité Royale, NOVS AVONS
par cestuy nostre present Edict perpetuel &
irreuocable, Ordonné & ordonnons que
tous les Regratiers & reuendeurs de sel à pe=
tites mesures en toute l'estẽduë de noz Greniers & Chambres à sel, auront & leur auõs
attribué pour tous fraiz de voictures , dé=
chetz, mesures, & autres generalemẽt quelconques, deux sols six deniers pour liure, qui
est le demy parisis du prix qu'ils payeront le
sel en nosdits Greniers & Chambres, Et aus-
dits Receueurs collecteurs de l'Impost pour
la voicture de chaque Minot de sel deux sols
sols pour lieuë, cinq sols aussi pour Minot
pour le destail & fraiz des mesures, & douze
deniers pour liure pour la collecte & port de
deniers, à quoy nous auons le tout reglé &
moderé. Et faisons defenses tref expresses
à tous lesdicts Regratiers & Collecteurs , de
prendre ny exiger à la reuente & distributiõ
dudict sel plus grands pris que ceux cy dessus
à eux ordonnez, à peine de concussion, perte de leursdicts offices, Mesmes de punition
corporelle si le cas y escher, Et affin que
ceux qui ont acquiz & qui presentemẽt pos-

A iiij

ſedent leſdicts offices en heredité ne ſe puiſ-
ſent plaindre que le preſent reglement leur
apporte quelque diminution à leurs droicts.
Novs vovlons et ordonnons, que
par les Commiſſaires qui à ce faire par Nous
ſeront commis & deputéz, il ſoit procedé à
nouuelle reuente de tous leſdicts offices de
Regratiers & Collecteurs d'Impoſt, A la
charge de rembourſer comptant auſdits proprietaires la finance qu'ils veriffieront auoir
payee actuellement en nos coffres, Nonobſtant que par le bail par nous faict de la
ferme generale de noz Gabelles, il ſoit permis aux adjudicataires de commettre auſdi-
ctes places de Regratiers en tous leſdits Greniers & Chambres, Meſmes de déſtituer
ceux qui en ſont par nous pourueuz en offices hereditaires, les rembourſant de la finã-
ce par eux payée. Et faiſons tres-expreſſes
inhibitions & defenſes aux Officiers de noſ-
dits Greniers de quelque qualité qu'ils ſoient
d'achepter aucuns deſdicts offices, s'en rendre adjudicataires ſoubz leurs noms, ny
d'autres: n'y les prendre à ferme directemẽt
où indirectemẽt en quelque ſorte & maniere que ce ſoit, à peine de priuation de leurs
offices, & d'amende arbitraire. Si donnons en Mandement à noz améz &

seaux Conseillers, Les Gens tenãns noſtre
Cour des Aydes à Roüen, que ces preſentes
ils verifient & facent enregiſtrer, & iceluy
entretenir garder & obſeruer en tous noſdicts Greniers & Chambres à ſel, ceſſans &
faiſans ceſſer tous troubles & empeſchemés
au contraire. MANDONS en outre aux
Côtrolleurs generaulx de noz Gabelles, que
faiſant leurs viſites & cheuauchées, ils s'in-
forment exactement de la forme, ordre &
nombre deſdicts Regratiers Collecteurs en
chacun Grenier, & des contrauentions aux
Edicts & Reglements faicts ſur leur eſtabliſ-
ſement abus & maluerſations commis & qui
ſe commettent en l'execution d'iceux, &
de tout en dreſſent leurs procéz verbaux,
qu'ils rapporteront en noſtre Conſeil, & en
noſtredicte Cour des Aydes pour y eſtre
pourueu, CAR Tel eſt noſtre plaiſir :
Nonobſtant comme deſſus quelques autres
reſtrictions, mandemens, deffenſes, & lettres à ce contraires, Et affin que ce ſoit cho-
ſe ferme & ſtable à touſiours, Nous auons
ſigné ces preſentes de noſtre main, ſauf en
autres choſes noſtre droict & l'autruy en
toutes. DONNE' à Paris au mois d'O-
ctobre, L'an de grace mil ſix cens dixſept,

Et de nostre Regne le huictiesme.

Signé,   LOVIS.

Et sur le reply,   PAR LE ROY.

De Lomenie. Et à costé, VISA

Et seellé en lacz de soye rouge & verde du grand seel en cire verte.

Et à costé sur ledict reply est escript,

Registrées és Registres de la Court des Aydes en Normandie, pour auoir lieu au modifications por-tez par l'arrest de ladicte Court, du vnziesme iour de Ianuier, mil six cens dixhuict.

Signé,   MOLART.

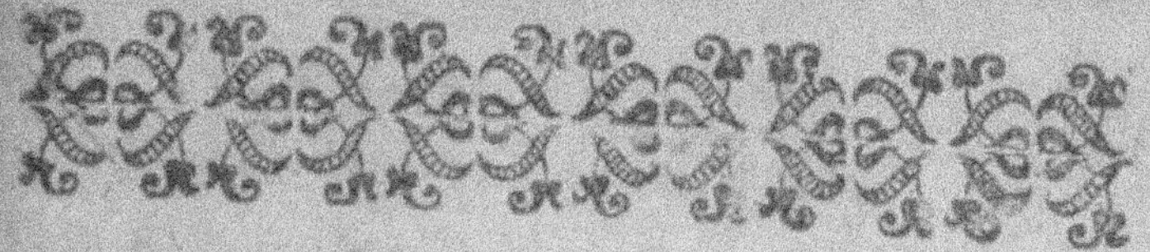

EXTRAICT DES REGISTRES
de la Court des Aydes en Normandie.

VEV PAR LA COVRT les Lettres patentes du Roy, données à Paris au mois d'Octobre dernier, Par lesquelles sa Majesté attribuë à tous les Regratiers & Reuendeurs de sel à petites mesures de l'estenduë de ses Greniers & Chambres à sel, pour tous fraiz de voictures, dechetz, mesures, & autres generalemēt quelscōques, deux sols six deniers pour liure, qui est le demy parisy du prix qu'ils payeront le sel ausdicts Greniers & Chambres, Et aux Receueurs Collecteurs de l'Impost dudict sel pour la voicture de chacun Minot de sel deux sols pour liure, Cinq sols aussi pour minot pour le detail & fraiz des mesures, & douze

B

deniers pour liure pour la collecte & port de
deniers, à quoy ledict Seigneur auoit le tout
reglé & moderé, Auec deffenses tres expresses à tous lesdicts Regratiers & Collecteurs
prendre ny exiger à la reuente & distribution
dudict sel, plus grands prix que ceux cy dessus
ordönez, à peine de concussion, perte de leurs
offices, Mesmes de punition corporelle si le cas
y eschet, Et affin que ceux qui ont acquiz &
qui possedent lesdictes offices en heredité, ne
se puissent plaindre que ledict Reglement leur
apporte quelque diminution à leurs droictz,
Sadicte Majesté veut & ordonne que par les
Commissaires qui à ce faire seront par elle deputéz, il soit procedé à nouuelle reuente de
tous lesdicts Offices de Regratiers & Collecteurs d'impost, A la charge de rembourser
comptant ausdicts proprietaires la finance
qu'ils veriffieront auoir payée actuellement
aux Coffres dudict Seigneur, Nonobstant que
par le bail general des Gabelles, il soit permis
aux Adjudicataires de commettre ausdictes

places de Regratiers en tous lesdicts Greniers
& Chambres, Mesmes destituer ceux qui
en sont pourueuz en offices hereditaires, les
remboursant de la finance par eux payée,
Faisant sa Maiesté deffenses tres-expresses
aux Officiers desdicts Greniers de quelque
qualité qu'ils soient, d'achapter aucuns desdicts Offices de Reuendeurs de sel à petites
mesures, s'en rendre adjudicataires soubz
leurs noms, ny d'autres, ny les prendre à ferme directement où indirectement en quelque
sorte que ce soit, à peine de priuation de leurs
Offices, & d'amende arbitraire, comme plus
au long lesdictes Lettres le contiennent. Requeste presentée par le Procureur General
du Roy aux fins de la verification dudict
Edict. Autre Requeste presentée par les Reuendeurs de sel à petites mesures en ceste ville
de Rouen en l'estenduë du Grenier à sel du-
dit lieu, Tendante à ce qu'il pleust à la Court
les reçeuoir opposants à la verification dudict Edict. Arrest d'icelle du vingtiesme

iour de Decembre aussi dernier, Par lequel
apres auoir oy lesdicts Reuendeurs presence
dudict Procureur General du Roy en leurs-
dites causes d'opposition & demande par eux
faicte, ou la Court entreroit en ladicte veriffication, qu'ils soient prefferez aux adjudications desdictes reuentes, leur en auroit esté
accordé acte, & ordonné que en voyant ledict Edict seroit sur ce poursueu. Consente-
ment donne à ladicte veriffication par les adiudicataires generaux des Greniers de ceste
Prouince, du septiesme dudict mois d'Octobre, les Conclusions dudict Procureur General, & tout consideré. LA COVRT sans
auoir esgard à la Requeste desdicts Reuendeurs de sel à petites mesures, A ordonné &
ordonne, que ledict Edict sera registré és Registres d'icelle, pour auoir lieu aux modiffica-
tions qui ensuiuent, asçauoir, Que pour
esuiter aux abus qui se peuuent commettre
par les Officiers desdicts Greniers & Commis
de l'Adiudicataire d'iceux en l'exercice desdi-

tes reuentes, tant en l'vsage de faux sel qu'autrement, Iceux Officiers & Commis ne se
pourront rendre adiudicataires desdictes reuentes directement ny indirectement, lequel
adiudicataire ne pourra aussi rembourser ceux
qui sont pourueuz desdictes reuentes, ny au-
cun particulier exercer icelles qu'il ne sçache
lire & escrire, suiuant les Arrestz & Reglements de ladicte Court, Lesquelles reuentes
ne pourront estre mises en autres lieux : ny en
plus grand nombre que ceux ausquels elles
ont esté de tout temps establiz, sinon en con-
gnoissance de cause & que par la Court en aye
esté ordonné, Que les reuentes & adiudi-
cations desdictes Offices de Regratiers se feront soubz le bon plaisir du Roy par les Pre-
sidents & Conseillers d'icelle & dans ceste
Prouince, Sans que le Reglement faict pour
les Collecteurs du sel par Impost puisse auoir
lieu, Que les pourueuz ausdictes charges
de Regratiers ne pourront estre dépossedez,
qu'ils n'ayent esté actuellement remboursez

en argent comptant, sans leur faire rente du
prix de leur finance fraiz & loyaux coustz,
Et sans que les Controlleurs generaux desdictes Gabelles puissent en faisant leurs cheuauchées informer, ains seulement dresser
procéz verbaux des abuz que pourroient
commettre lesdicts Reuendeurs suiuant l'arrest de verification de l'Edict de restablisse-
ment de leurs Offices, lesquels procéz verbaux ils seront tenuz d'enuoyer en ladicte
Court. Faict à Rouen en ladicte Court
des Aydes, l'vnziesme iour de Ianuier, mil
six cens & dixhuict.

Signé,   MOLART.

OVIS PAR LA GRRACE
DE DIEV, ROY DE FRAN-
CE ET DE NAVARRE : A
Noz améz & feaux Conseil-
lers, Les Sieurs Iubert sieur
d'Arquamsi President en nostre Cour des
Aydes de Normandie, du Val sieur de Cop-
peauuille, d'Heusté du Perron sieur de Ben-
neuille, & la Mothe sieur du Bossguerard
Conseillers en icelle, par nostre Edict du
mois d'Aoust dernier registré où besoing à
esté, Et afin de pourueoir aux plainctes qui
nous ont esté faictes de l'inegalité des taxes
qui sont dónées par les Officiers de noz Greniers aux Regratiers & Reuendeurs de sel à
petites mesures & Collecteurs de l'Impost,
Nous auons reglé le droict que lesdicts Regratiers & Reuendeurs auront d'oresnauant
a prendre sur le pris que le sel se vendra dans
le ressort de leur Grenier au demy parisis, Et
celuy desdicts Collecteurs de l'Impost du sel
à cinq sols pour la distribution de chacun
Minot, deux sols pour le port d'iceluy par

lieuë, & vn sol pour le droict de Recepte,
Et ordonné que la reuente desdictes offices
de Regratiers & Collecteurs de l'Impost du
sel seroit faicte sur le pied cy dessus specifié,
A l'execution duquel noz améz & feaux
Conseillers Notaires & Secretaires Maistres
Philiphes de Colanges, Pierre Iacquet &
Theodore Bazin adjudicataires des Greniers
à sel des Generalitez de Roüen, Caen, & autres s'estans opposez, pretendans que nous
leur auions accordé le remboursement desdicts Regratiers par le soixante vnziesme ar-
ticle de leur contract, lequel ayant esté veu
& consideré en nostre Conseil, par arrest d'i-
celuy du vingt-troisiesme Septembre dernier, & articles interuenus sur iceluy le
vingt-septiéme dudict mois, pour desdom-
mager lesdicts de Colanges, Iacquet &
Bazin de l'interest qu'ils pouuoient auoir
ausdicts Regratiers, Nous leur auons accordé le tiers de ce qui prouiendra de ladicte reuente, Et ordóné qu'il seroit estably Commissaires generaux pour proceder à icelle,
Ce qu'estant besoing de faire aux susdictes
generalitez, & de commettre à l'execution
d'icelle personnages de suffisance & capaci-
té, Nous pour l'entiere cognoissance qu'a-
uons de voz integrité, suffisance, & grande
experience.

experience. A CES CAVSES, vous
auons commis & deputéz commettons &
deputons par ces presentes, pour trois de
vous en l'absence des autres defaillans, faire
reuente en heredité & establissemét de tous
les offices de Regratiers & Reuendeurs de
sel à petites mesures, Receueurs & Collecteurs de l'Impost du sel qui sont en l'estenduë des Villes, Bourgs, parroisses, & autres
lieux desdictes Generalitez, aux droicts du
demy parisis pour liure ausdicts Regratiers,
Et ausdicts Collecteurs de cinq sols pour la
distribution de chacun Minot de sel, deux
sols pour le port d'iceluy pour lieuë, & vn
sol pour liure pour le droict de Recepte, Et
d'iceux en faire l'adjudication par simples
encheres, tiercemens, doublemens, au plus
offrant & dernier encherisseur, les solemni-
téz accoustumées gardées & obseruées par
offices en particulier, par ceux d'vne Ville
tous ensemblément, où en general de tous
ceux qui sont en l'estenduë du ressort d'vn
Grenier à sel, selon que trouuerez nostre
condition plus aduantageuse, A la charge
neantmoins que les proprietaires desdicts
offices ne pourront estre depossedéz, qu'au-
prealable ils ne soient actuellement remboursez de la finance qu'ils veriffieront par

C

deuant vous auoir payée sans fraude ne dé-
guisement fraiz & loyaux coustz qui seront
par vous taxez, pour estre les deniers qui
prouiendront des reuentes desdicts offices
de Regratiers, Receueurs & Collecteurs dudict Impost, Ensemble du sol pour liure que
ferez payer aux acquereurs outre le pris prin-
cipal desdictes reuentes, pour partie des fraiz
de vostre commission reçeus en vertu des
quittances de noz améz & feaux Conseillers & Tresoriers de noz parties Casuelles
Maistres Iean de Ligny, Honnoré Barentin,
& Nicolas Seruient, par Maistre Iean Bardin
nostre Conseiller & Secretaire qu'auons cy
deuant par noz Lettres patentes du dixiéme
iour de Nouembre dernier, Commis à faire
ladicte Recepte sur la nomination qui nous à
esté faicte de sa personne par lesdicts Tresoriers de noz parties Casuelles, sur lesquelles
quittances seront par vous expediéz ausdicts
acquereurs les contractz de vente & adjudication desdicts offices, sans qu'il leur soit
besoing obtenir autre prouision ny ratiffica-
tion ne payer autre finance & droict de marc
d'or, dont nous les auons deschargéz & dis-
penséz par lesdicts articles, suiuant lesquels
& ledict arrest, ledict Bardin payera lesdicts
deniers, Asçauoir les deux tiers és mains

du Tresorier de noſtre Eſpargne Maiſtre
Vincēt Bouhier ſieur de Beaumaréhais pour
employer au faict de ſa charge , & l'autre
tiers auſdicts de Colange, Iacquet & Bazin,
pour leur deſdommagemēt de mois en mois
ainſi qu'ils ſe receurōt par leurs ſimples quittances qui leur ſeruiront de deſcharge, Voulans que leſdictes reuentes adjudications &
eſtabliſſemens qui ſeront par vous faicts,
ſoient de tel effect force & vertu que ſi elles
auoient eſté faictes en noſtre Conſeil, leſ-
quelles nous auons dés à préſent validéz &
ratiſſiéz, validons & ratiſions par ces préſentes , Et d'autant qu'il importe au bien de
noz affaires & ſeruice , que ladicte reuente
ſoit faicte le plus promptemēt qu'il ſera poſ-
ſible , Nous auons commis & commettons
par ces préſentes noſtre amé & feal Conſeiller & Procureur General en noſtre Cour des
Aydes Maiſtre   le Page, pour pour-
ſuiure l'execution de la préſente Cōmiſſion,
Voulans qu'il aſſiſte ordinairement & ſoit
préſent en toutes les aſſemblées que vous ſe-
rez pour proceder aux adjudicatiōs , & pour
tous les autres affaires dépendans d'icelle
Commiſſion , & que cōme Iuge il ayt auec
vous voix & opinion deliberatiue , Parce
auſſi que ne pourriez aiſément vacquer en

C ij

tous les lieux & endroicts defdictes Generalitez pour l'execution de noftre prefente
Commiffion, & qu'il pourra eftre plus ad-
uātageux pour nous, & commode aux parties de vendre en plufieurs endroicts fur les
lieux lefdicts offices, Vous auons a ces fins
donné & donnons pouuoir de commettre
& fubdeleguer aux Greniers a fel & autres
lieux & endroicts que vous trouueréz à pro-
pos tels de noz Officiers qu'auiferez, pour
par eux proceder aux ventes & reuentes,
auec le mefme ordre pouuoir & authorité
que nous vous auós donné, & celuy qui leur
fera par vous prefcript, qu'auons auffi dés à
prefent validé & ratifié validons & ratifions
par cefdictes prefentes. PROMETTANS
en foy & parolle de Roy, auoir pour agrea-
ble tenir ferme & ftable tout ce qui fera par
vous & vofdits fubdeleguez fur ce faict geré
& negotié en execution de nofdicts Edict &
des prefentes, circonftances & dependances
d'iceux : fans fouffrir y eftre contreuenu en
aucune forte & maniere que ce foit, Eftant
pareillemēt neceffaire pour l'execution des
prefentes, qu'ayez vn Greffier qui foit verfé
en tel affaire, NOVS deuëment informé
de la fuffifance & experience de noftre cher
& bien amé Philiphes de Coulange Secre-

taire ordinaire de noſtre Chambre, Auons
iceluy commis & ordonné en ladicte charge
de Greffier, auec pouuoir de commettre &
ſubſtituer préz de vous & de voſdicts ſubdeleguéz perſonnes capables pour faire ladicte charge de Greffier, auquel de Coulan-
ges enſemble à voſdicts ſubdeleguéz & aux
Huiſſiers & Sergens & autres perſonnes qui
ſeront employéz en vertu de voz Ordonná-
ces à l'effect & execution de ces preſentes,
ſera par vous faict taxe de leurs eſcriptures, journées & vaccations raiſonnablement, ainſi qu'aduiſerez en vos loyautez
& conſciences, Comme au ſemblable
voſdicts ſubdeleguez ſeront taxe auſdicts
Greffiers, Sergeants, & autres qui ſeront
employéz ſoubz eux de leurs eſcriptures,
journées, & vaccations raiſonnablement
auſſi en leurs loyautez & conſciences,
Et pour voz journées & vaccations il vous
en ſera par nous fait taxe en noſtre Conſeil,
Et affin qu'il ſoit plus facilement procedé
tant à la reuente deſdicts offices de Regratiers que verification de leur finance, MAN-
DONS & ordonnons aux Gens de noz
Comptes à Paris & Rouen, de vous faire de-
liurer les extraictz que jugeréz neceſſaires,
en payant raiſonnablement, De ce faire

C iij

vous donnons pouuoir commiſſion & mandement ſpecial, MANDONS à tous noz Iuſticiers, Officiers & ſubjectz, qu'a vous & à voſdits ſubdeleguéz ce faiſant ils obeiſſent preſtent confort & ayde ſi meſtier eſt, en ce que par vous & voſdicts ſubdeleguéz ils ſeront requis, Et à tous Huiſſiers & Sergens faire toutes contrainctes & exploictz requis & neceſſaires pour l'execution des preſentes, ſans pource demander aucune permiſſion, congé, placet, viſa, ne pareatis, Non obſtant oppoſitions où appellations quelconques, la cognoiſſance deſquelles nous auons interdite & defenduë, interdiſons & defendôs à toutes noz Cours de Parleméts, Chambres des Comptes, Cours des Aydes, & autres Iuges quelſconques, & icelle retenuë & reſeruée à nous & à noſtre Conſeil, reuoquant tous autres pouuoirs & commiſſions cy deuät expediéz pour la reuente deſdicts offices de Regratiers & Collecteurs, Et pource que de ces preſentes on pourra auoir affaire en diuers lieux : Nous voulons qu'au vidimus d'icelles collationné à l'original, foy ſoit adjouſtée comme au preſent original, C A R Tel eſt noſtre plaiſir. DONNE' à Paris le ſeptieſme iour de Iuillet, L'an de grace mil ſix cens dixhuict, Et de noftre Regne le neufiefme.

Signé,   LOVIS.

Et plus bas,   PAR LE ROY,
          POTIER.

Signé en queuë G. MAVPEOV.

Et feellé fur fimple queuë du grand feel dé
cire jaune.

Et fur le dos eft efcript,

*Enregiftrées au Controolle general des Finances,
Par moy foubz-figné. A Paris le 9. iour de Iuillet, mil fix cens dixhuict.*

     Signé,   G. MAVPEOV.

Et à cofté eft efcript,

*Regiftrées és Regiftres de la Court des Aydes en
Normandie, fuiuant l'arreft d'icelle.   De ce iour-
d'huy quatorziéme Aouft, mil fix cens dixhuict.*

Signe, MOLLART. Commis.

LOVIS Par la grace de Dieu , Roy de France & de Nauarre : A noſtre amé & feal Conſeiller Secretaire de la Maiſon & Couronne de France , & Controlleur general de noz Gabelles & Greniers à ſel Maiſtre Nicolas Bigot Salut. Pour proceder à la reuente des offices de Regratiers & Reuendeurs de ſel à petites meſures eſtabliz és Greniers des generalitez de Roüen & Caen, ſuiuant noſtre Edict du mois d'Aouſt mil ſix cens dixſept, Nous auons commis & deputé aucuns des Preſidens & Cóſeillers de noſtre Court des Aydes de Normandie pour faire leſdictes reuentes & adjudications, Et ayans recognu pource quis'eſt paſſé pour l'executió de noſtredict

noftredict Edict au reſſort de noftre
Cour des Aydes de Paris, Combien il
importe tant pour l'acceleration que
pour l'acroiſſement & augmentation
des encheres, que perſonnes bien en-
tenduës & qui ayent la cognoiſſance
bien particuliere de noſdicts Greniers
y aſſiſtent, à plain confians de voſtre
fidelité & experience. Vous auons,
outre ceux nommez par la commiſſió
que nous auons faict expedier pour
ladicte reuente, D'habondant commis & deputé commettós & deputons
par ces preſentes, Pour auec leſdicts
Sieurs Commiſſaires aſſiſter en tout ce
qui dependra de l'execution de ladicte
commiſſion, & y auoir voix deliberatiue, Meſmes ſy beſoing eſt enuoyer
par tous les Greniers de ladicte Prouince de Normandie, retirer des Officiers
deſdicts Greniers les certiſſications de
la quantité du ſel qui ſe vend par les
mains deſdicts Regratiers en chacun

D

d'iceux , affin que par ce moyen lef
dits Sieurs Commiffaires & vous, ayez
congnoiffance entiere de la valeur de
chofes qui feront venduës, De ce fai
re & accomplir circonftances & dé
pendances, Vous auons donné & dó
nons commiffion & pouuoir par cef
dictes prefentes, Par lefquelles mandons aufdicts Commiffaires vous ad-
mettre à l'execution d'icelle, & vous
donner fceance & voix deliberatiue
en leur affemblée , nonobftant que
vous n'ayez efté compris & nommé en
la commiffion qui leur à efté enuoyée
à quoy nous ne voulons qu'ils s'arre-
ftent, CAR Tel eft noftre plaifir.
DONNE' à Sainct Germain en Laye
le vingt-vniefme iour de Iuillet, L'an
de grace mil fix cens dixhuict, Et de
noftre regne le neufiefme.

PAR LE ROY EN SON CONSEIL.

Signé, POTIER.

Et feellé fur fimple queuë du grand feel de
cie jaune.

PHILIPPES de Colanges, Conseiller Secretaire du Roy, Maison & Couronne de France, Et Greffier or-donné par sa Majesté en la reuente des Regratiers & Collecteurs de l'Impost du sel des Generalitez d'Orleans, Tours, Bourges, Moulins, Rouen, & Caen, A Maistre Iacques Taignier Secretaire ordinaire de la Chambre du Roy, Salut. Estant necessaire pour l'execution de l'Edict du mois d'Aoust mil six cens dixsept faict pour ladicte reuente veriffié où besoing à esté, Et de la Comission adressante à Messieurs de la Cour des Aydes de Normandie, du septiéme iour de Iuillet mil six cens dixhuict, pour le mesme effect en l'e-stenduë de ladicte Prouince, de sub-stituer personne suffisant & capable à l'exercice du Greffe de ladicte commis-sion pour estre occupé en la ville de Paris prés de Messieurs les Commissai-res generaulx deputéz pour la reuente

de semblables offices desdictes generalitez d'Orleans, Tours, Bourges, &
Moulins. NOVS A CES CAVSES,
en vertu du pouuoir à nous donné par
sadicte Majesté, Vous auons substitué
& substituons par la presente à l'exercice dudict Greffe, pour y seruir prés
de Messieurs les Cómissaires desnom-
mez en ladicte commission, à quoy
vous vacquerez auec soing & vigilan-
ce, & tiendrez bons & fidels Registres
de toutes les expeditions & resolutions
desdicts Sieurs, que vous rapporterez
en fin de ladicte Commission. Faict à
Rouen ce vingt-septiéme iour d'Aoust
mil six cens dix huict.

      Signé,   DE COLANGES.

Collationné à l'original, Par moy Conseiller &
Secretaire du Roy.

www.ingramcontent.com/pod-product-compliance
Lightning Source LLC
LaVergne TN
LVHW010234060726
842519LV00014B/1241